Manuskript
vertraulich!

Der Entschädigungsanspruch aus Beschlagnahmen in Feindesland vor der Reichsentschädigungs-Kommission.

Von

Dr. jur. Ludwig Beer,
Professor ord. hon. an der Universität Leipzig.

Berlin 1915.

Herrn Geheimen Justizrat Dr. Hiekmann
in aufrichtiger Verehrung.

I.

Die Anordnung betreffend des Verfahren vor der Reichsentschädigungs-Kommission.

Bei der Besetzung der belgischen, französischen und russischen Gebiete durch die deutsche Armee sind von den deutschen Militärbehörden die vorgefundenen Massengüter, insbesondere Wolle, Baumwolle, Öle, Gummi, Leder, Häute, Hölzer, mit Beschlag belegt worden, um daraus die Bedürfnisse des Besetzungsheeres zu decken, die Kriegsvorräte zu ergänzen und dem deutschen Kriegs-Wirtschaftsleben die unbedingt notwendigen Rohstoffe zur Verfügung zu stellen. Die Entschädigung der durch die Beschlagnahme betroffenen Personen ist, soweit die Güter nicht für den Heeresbedarf an Ort und Stelle gebraucht sind, Gegenstand einer Anordnung des Reichskanzlers vom 25. April 1915[1]) geworden, deren Hauptbestimmungen folgendermaßen lauten:

§ 1. Die Reichsentschädigungskommission erhält die Aufgabe, die Eigentümer der während des gegenwärtigen Krieges im feindlichen Ausland im Namen des Reichs beschlagnahmten Güter festzustellen, über die Entschädigungsansprüche der Eigentümer und anderer Berechtigter zu entscheiden und die Zahlung der Entschädigungen zu veranlassen. Sie darf mit Zustimmung der Beschlagnahmebehörde statt der Entschädigung die Rückgabe des Gutes anordnen. Sie entscheidet ferner, inwieweit der Auszahlung der Entschädigungen gesetzliche Zahlungsverbote entgegenstehen. Die Entscheidung darf auf die Höhe des Anspruchs beschränkt werden, wenn die Aufklärung der Rechtsverhältnisse erhebliche Schwierigkeiten bereitet oder die Entschädigung von mehreren Beteiligten beansprucht und eine Einigung zwischen ihnen nicht erreicht wird. In diesem Falle darf die Kommission anordnen, daß der Betrag der Entschädigung unter Verzicht auf das Recht der Rücknahme bei der Reichsbank hinterlegt wird.

---

[1]) Reichsanzeiger vom 26. April 1915.

§ 2. Die Kommission besteht aus fünf Mitgliedern, von denen drei rechtskundig und zwei Kaufleute sein müssen. Rechtskundig im Sinne dieser Verordnung sind diejenigen Personen, welche die Befähigung zum Richteramt und zum höheren Verwaltungsdienst im Reiche oder in einem Bundesstaate haben oder Lehrer des Rechts an einer deutschen Hochschule sind. Im Bedarfsfall kann die Kommission durch Ernennung weiterer rechts- oder handelskundiger Mitglieder verstärkt werden. Der Vorsitzende soll zum Richteramt befähigt sein. Er darf nur von einem rechtskundigen Mitglied vertreten werden. Die Kommission entscheidet in der Besetzung von mindestens drei und höchstens fünf Mitgliedern einschließlich des Vorsitzenden. Die Zahl der Beisitzer bestimmt der Vorsitzende.

§ 5. Die Entscheidung erfolgt im Beschlußverfahren ohne mündliche Verhandlung. Vor der Entscheidung sollen die Beteiligten gehört werden. Als Beteiligte im Sinne dieser Anordnung gelten die Eigentümer der beschlagnahmten Güter sowie andere dinglich Berechtigte. Die Kommission kann ferner Personen, die ein rechtliches Interesse haben, daß der Eigentümer oder ein anderer dinglich Berechtigter Entschädigung erhält, als Beteiligte zulassen.

§ 6. Die Verhandlungen sind nicht öffentlich. Der Vorsitzende kann den Beteiligten die Anwesenheit gestatten. Die Kommission kann anordnen, daß mündlich verhandelt wird und daß die Beteiligten zu den Verhandlungen erscheinen oder sich in der Verhandlung durch einen bei einem deutschen Gericht zugelassenen Anwalt vertreten lassen. Aus besonderen Gründen kann sie auch einen anderen rechts- oder sachverständigen Vertreter zulassen. Zur mündlichen Verhandlung sind die Beteiligten, für die Beschlagnahmebehörde das zuständige Kriegsministerium zu laden. Die Ladung geht an die Beteiligten, deren Wohnort bekannt ist, durch einen eingeschriebenen Brief, an Beteiligte, deren Wohnort nicht bekannt ist, oder mit denen eine schriftliche Verständigung während des Krieges erschwert oder zeitraubend ist, durch öffentliche Bekanntmachung in der Form einmaliger Einrückung in den „Reichsanzeiger". Der Vorsitzende kann eine andere Art der Ladung anordnen. Haben die Beteiligten sich in Berlin Zustellungsbevollmächtigte bestellt, so erfolgt die Ladung an diese. Sind die Beteiligten in dem zur mündlichen Verhandlung anberaumten Termin trotz rechtzeitiger Ladung nicht gehörig vertreten, so wird gleichwohl in der Sache verhandelt und entschieden.

§ 12. Die Kommission kann den Beteiligten aufgeben, binnen einer bestimmten Frist die Tatsachen und Beweismittel, auf die sich ihre Ansprüche stützen, in einem Schriftsatze niederzulegen und Urkunden sowie andere Beweismittel vorzulegen oder Zeugen zu stellen. Die Frist soll nicht weniger als eine Woche und nicht mehr als zwei Monate betragen. Die Kommission kann fordern, daß der Schriftsatz von einem mit schriftlicher Vollmacht versehenen, bei einem deutschen Gericht zugelassenen Rechtsanwalt unterschrieben ist, wenn dies zur sachlichen Förderung der Angelegenheit angezeigt erscheint. Bei Versäumnis der Frist kann die Kommission nach Lage der Sache ohne Berücksichtigung der nicht beigebrachten Beweismittel entscheiden.

§ 13. Die Kommission ist nach freiem Ermessen in den ihr geeignet scheinenden Fällen befugt, ohne weitere Erhebungen auf Grund ihrer Geschäftserfahrung zu entscheiden.

§ 14. Die Verhandlungssprache ist deutsch. Eingaben und Schriftsätze, die nicht in deutscher Sprache abgefaßt sind, haben nur dann Anspruch auf Berücksichtigung, wenn ihnen eine beglaubigte deutsche Übersetzung beigefügt ist; das Gleiche gilt für beigefügte Urkunden und sonstige Schriftstücke.

§ 17. Die Entscheidung erfolgt durch Beschluß im Namen des Reiches. Der Beschluß ist auszufertigen; er enthält die Namen der Kommissionsmitglieder, welche bei der Entscheidung mitgewirkt haben, und ist von dem Vorsitzenden und einem Beisitzer zu unterschreiben. Er wird mit der Eingangsformel „Im Namen des Reiches" ausgefertigt.

§ 18. Der Vorsitzende hat die Überweisung der festgestellten Entschädigung an die Beteiligten binnen zwei Wochen nach Ergehen der Entscheidung zu veranlassen. An deutsche und neutrale Beteiligte erfolgt die Überweisung durch Zahlung bei einer Reichskasse auf Anweisung des Vorsitzenden. Die Regelung der Überweisung an Angehörige feindlicher Staaten bleibt vorbehalten.

Diese Bestimmungen der Anordnung geben keinen Aufschluß über die durch die Beschlagnahme entstandene Rechtslage der betroffenen Einzelpersonen, über die Art ihrer „Ansprüche" nnd ihr Rechtsverhältnis zum Deutschen Reich. Der Aufklärung hierüber soll die nachfolgende Untersuchung dienen.

II.

Das Fehlen innerstaatlicher Gesetzesnormen für den materiellen Anspruch.

Die Verordnung des Reichskanzlers ist nur ein Zuständigkeits- und Verfahrensgesetz, sie enthält nur eine Regelung der formellen Tätigkeit der Kommission, ist für die materielle Begründung und Beurteilung nicht zu verwenden. Zwar spricht die Verordnung von „Ansprüchen", aber die Verwendung dieses im Zivilrecht mit bestimmter Bedeutung gebrauchten Wortes (§ 194 BGB.) ist hier in seinem allgemeinen Sinne erfolgt, nämlich als das zum Zeitwort „Ansprechen" gehörige Hauptwort, wie es z. B. auch in der Bezeichnung „Rechtsschutzanspruch" gebräuchlich ist, bedeutet also nichts anderes, als Begehren, Antrag, Wunsch oder Ähnliches. Mithin ist aus der Anordnung vom 25. April 1915 kein Anhalt für die rechtliche Natur der Entschädigung zu gewinnen.

Die deutsche Gesetzgebung enthält auch sonst keine Bestimmung, die als rechtliche Grundlage der Entschädigung für die im Auslande beschlagnahmten Güter dienen könnte. Das Kriegsleistungsgesetz vom 13. Juni 1873, das dem Staate in weitem Maße ein Eingriffsrecht in die im Inlande befindlichen Güter gewährt, ist innerstaatliches Gesetz, beschränkt sich nach Form, Inhalt und Wesen auf Beschlagnahmen im Inlande[2]). Das im Kriege besetzte Landgebiet ist aber Ausland, es bleibt in seinem früheren staatsrechtlichen Verhältnis, bleibt ein Bestandteil des Staatsgebiets, dem es vor der Besetzung angehörte[3]), liegt also nicht innerhalb des Geltungsbereichs des nationalen Kriegsleistungsgesetzes. Seine analoge Ausdehnung auf das Verhältnis von Staaten zueinander oder auf das Verhältnis des Deutschen Reiches zu den durch die Beschlagnahme im Auslande geschädigten Personen ist von vornherein ausgeschlossen, zumal dieses Gesetz selbst die Voraussetzungen, unter denen Entschädigung gewährt wird, genau abgegrenzt und im § 35 für andere Entschädigungs-

---

[2]) „Von dem Tage ab, an welchem die bewaffnete Macht mobil gemacht wird, tritt die Verpflichtung des Bundesgebietes zu allen Leistungen für die Kriegszwecke nach den Bestimmungen dieses Gesetzes ein." (§ 1 d. Ges.)

[3]) Vgl. Dove, J. W. 1915 S. 425.

fälle auf den Weg ev. zu erlassender neuer Gesetze verweist[4]). Auch die Verordnung des Bundesrats über die Sicherstellung von Kriegsbedarf vom 24. Juni 1915 (RGBl. 1915 S. 357) kann nicht verwertet werden. Sie regelt das Beschlagnahmerecht und die Entschädigung für die im Inlande befindlichen oder freiwillig von Privatpersonen aus dem Auslande in das Inland eingeführten Kriegsbedarfsartikel, ist formell und materiell eine Ergänzung des nationalen Kriegsleistungsgesetzes, knüpft an inländische Beschlagnahmen an und bleibt deshalb aus gleichen Gründen wie das Kriegsleistungsgesetz für die im besetzten Ausland bewirkten Beschlagnahmen als Rechtsquelle außer Betracht.

III.

Das Fehlen völkerrechtlicher Normen.

Auch nach einer positiven völkergesetzlichen Grundlage für die Entschädigung wird man vergebens suchen. Abzulehnen ist jede Berufung auf eine formelle Geltung der Haager Landkriegsordnung. Zwar ist dieses völkerrechtliche Abkommen von Deutschland ratifiziert worden, aber gemäß der Schlußbestimmung im Artikel 2 finden seine Vorschriften nur Anwendung, wenn sämtliche Kriegführende Vertragsparteien sind. Von den am gegenwärtigen Kriege beteiligten Staaten haben einzelne das Haager Abkommen nicht ratifiziert (Serbien, Montenegro, Italien). Mögen die Außenstehenden den geringeren und unbeträchtlicheren Teil der Kriegsparteien bilden, der Wortlaut des Artikel 2 berechtigt uns und die politische Lage verpflichtet uns geradezu, unsere Feinde als eine geschlossene Einheit anzusehen, so daß schon die Unverbindlichkeit des Haager Abkommens für einen der feindlichen Staaten die rechtliche Gebundenheit Deutschlands an die Regeln der Konvention beseitigt[5]).

[4]) Vgl. Entsch. des Reichsgerichts Bd. 41 S. 143. Auch die verwandten Gesetze, so das Quartierleistungsgesetz vom 25. 6. 68 u. das Gesetz über die Naturalleistungen für die bewaffnete Macht im Frieden vom 13. 2. 75 u. 24. 5. 98 können nicht herangezogen werden.

[5]) Vgl. Die Auseinandersetzung zwischen v. Liszt und Neukamp, Leipziger Zeitschrift 1915 S. 30, 169, 674; ferner Dove, J. W. 1915 S. 425; der hervorhebt, daß die Reichsregierung von einer Nichtgeltung der Konvention auszugehen scheine.

Da somit eine gesetzliche Grundlage für die materielle Gestaltung der Entschädigung fehlt, ist es notwendig, auf das Wesen der Beschlagnahme und allgemeine Völkerrechtsgrundsätze zurückzugehen, um Klarheit über das Verhältnis zwischen dem Deutschen Reiche und den geschädigten Personen zu gewinnen. Dabei ist der Inhalt der Haager Landkriegsordnung deshalb und insoweit heranzuziehen, als seine Normen als ein Niederschlag der internationalen Meinung über die Gestalt der Kriegsregeln angesehen werden kann.

IV.

Die Beschlagnahme als Folge der Kriegsnotwendigkeit

Die Beschlagnahme der im besetzten Gebiete befindlichen Güter erfolgt unter dem Zwange der Kriegsnotwendigkeit, die das höchste gebietende und rechtfertigende Gesetz für den Staat im Kriegszustande bedeutet. Der Staat entzieht mit der Beschlagnahme dem Feinde die Kriegsmittel im weiteren Sinne, verschafft sie anderseits sich selbst für die Bedürfnisse des Krieges[6]). Darum liegt in der Kriegsnotwendigkeit die allgemeine völkerrechtliche Begründung der Beschlagnahme. Vor ihr muß auch der sonst im Völkerrecht gewährleistete Schutz des Privateigentums weichen. „In diesem Sinne kann man sagen, daß alle Schonung von Personen und Eigentum nur geboten sei, soweit sie mit den militärischen Bedürfnissen vereinbar ist[7])." Dieses Zugeständnis macht selbst die Haager Landkriegsordnung. Zwar enthält ihr Art. 23g den Grundsatz der Unverletzbarkeit des Privateigentums, aber die Zwangsauflagen des Art. 51, die Nebenleistungen und Dienstleistungen des Art. 52 können unter Umständen geradezu den Charakter einer unmittelbaren Vermögenseinziehung annehmen. Wenn es die Kriegsnotwendigkeit verlangt, kann aus dem feindlichen Lande alles herausgezogen werden, was überhaupt hergegeben werden kann[8]).

---

[6]) Vgl. Meurer, Die Haager Friedenskonferenz II S. 260.

[7]) Vgl. M. Huber, Zeitschrift für Völkerrecht VII S. 371.

[8]) Vgl. Schramm, Prisenrecht S. 98 ff.

Gewiß hat die Haager Landkriegsordnung versucht, dem Requisitions- und Beschlagnahmerecht, den zwangsweisen Naturalleistungen für die Bedürfnisse des Heeres, die man auch als „Zwangslieferungen“ oder „Beitreibungen“ bezeichnet[9]), eine feste Umgrenzung nach der formellen wie materiellen Seite zu geben. Jedoch ist aus ihren gesetzlichen Bestimmungen kein positiver Anhalt für die Berechtigung zu finden, Gütermassen zu beschlagnahmen, in das Inland zu überführen und so den Materialbeständen in Deutschland einzuverleiben.

Es wäre aber ein Fehlschluß, wenn man aus dem Mangel einer positiv berechtigenden Norm die Unrechtmäßigkeit dieser Kriegsmaßnahme folgern und in ihr eine gemäß Art. 3 zum Schadenersatz verpflichtende Verletzung der Konvention erblicken wollte.

Die Haager Landkriegsordnung war bestrebt, die Durchbrechung ihrer Regeln durch die Berufung auf die sogenannte „Kriegsnotwendigkeit“ möglichst zu verhüten, indem sie den Staaten innerhalb der Kriegsgesetze den ihnen für die Wahrung ihrer Lebensinteressen notwendigen Spielraum ließ, indem sie insbesondere bestimmte Ausnahmen anerkannte, in denen selbst ein Eingriff in das sonst grundsätzlich geschützte Privateigentum erlaubt wurde. Diese Ausnahmen bilden jedoch nicht die äußerste und unverrückbare Grenze des Eingriffsrechts.

Das ergibt sich aus der folgenden Betrachtung:

Das „Requisitionsrecht“ ist in Art. 52 der Haager Landkriegsordnung[10]) als berechtigtes Kriegsmittel anerkannt worden, d. h. die Anforderung von Naturalleistungen für die „Bedürfnisse des Besetzungsheeres“ ist gestattet. Der Art. 53 läßt die Beschlagnahme jeder Art von Kriegsvorräten zu, selbst wenn sie Privatpersonen gehören. Art. 52 verlangt „soviel wie möglich“ Barbezahlung der requirierten Gegenstände, andernfalls Ausstellung von Empfangsbestätigungen und möglichst baldige Bezahlung der geschuldeten Summen. Art. 53 Abs. 2 regelt das Rechtsverhältnis

---

9) Meurer, a. a. O. S. 272.

10) Über das Requisitionsrecht vgl. Meurer a. a. O. S. 253 f.

aus der Beschlagnahme mit den Worten: „Beim Friedensschlusse müssen sie — die beschlagnahmten Gegenstände — aber zurückgegeben und die Entschädigung geregelt werden.“ Aus diesen Bestimmungen ergibt sich zweierlei: Die gemäß Art. 52 requirierten Güter gehen in das Eigentum des Besetzungsstaates über, ihm erwächst die völkerrechtliche Bezahlungspflicht, von einer Rückerstattung ist keine Rede[11]). Das gemäß Art. 53 Abs. 2 „saisierte“ Privatgut ist nur Gegenstand der „Besitzergreifung“, es wird in den „Dienst“ der Kriegführung gestellt, es besteht an ihm kein „materielles Einnahmerecht“, es ist völkerrechtlich, von Staat zu Staat, zurückzuerstatten und zu entschädigen. Die Regelung der Entschädigung bleibt den Friedensverhandlungen vorbehalten[12]).

Weder Art. 52 noch Art. 53, noch sonstige Bestimmungen der Haager Landkriegsordnung entsprechen vollständig dem durch die Beschlagnahme der Massengüter in den besetzten Gebieten geschaffenen Tatbestande. Die Güter sind nicht unmittelbar für das Besetzungsheer verwendet worden, vielmehr wurden sie mit der Beschlagnahme als Eigentum des Deutschen Reiches betrachtet und der heimischen Wirtschaft zur Verwendung zugeführt.

V.

Die materielle Rechtmäßigkeit der Beschlagnahme.

Ist diese Maßnahme widerrechtlich, weil sie in der Landkriegsordnung keine wortgesetzliche Rechtfertigung findet?

Diese Frage ist aus drei Gründen zu verneinen, von denen jeder einzelne die Rechtmäßigkeit des angewandten Kriegsmittels erweist.

a) Das in den Art. 52 und 53 gewährte und beschränkte Eingriffsrecht in das Privateigentum entspricht nicht mehr den realen Verhältnissen und Bedürfnissen des jetzigen Krieges. Das Besetzungsheer bildet heute weder die ganze Kriegsmacht noch eine von der übrigen Armee isolierte Soldatengruppe mit ge-

---

[11]) Meurer a. a. O. S. 305.
[12]) Vgl. Meurer S. 317.

trenntem Verpflegungsbedürfnis, sondern die bewaffnete Macht ist ein einheitliches Ganzes, dessen Bedürfnisse geschlossen betrachtet und befriedigt werden müssen. Die „Bedürfnisse des Besatzungsheeres" sind die Bedürfnisse des ganzen Heeres. Aber die den Umfang des Aneignungsrechtes im besetzten Gebiete bestimmenden „Bedürfnisse" reichen noch weiter. Die Bedürfnisse des Heeres sind von den Bedürfnissen des ganzen Volkes nicht mehr zu trennen. Fast die gesamten Rohstoffe in Deutschland, die sonst den inländischen Verbrauchern zu gute kämen, sind durch innerstaatliche Maßnahmen der Verwendung für das Heer vorbehalten und zugeführt. Was in Feindesland beschlagnahmt wird, fließt auf dem Wege durch das Inland wieder hinaus zur Armee. So steht das ganze deutsche Wirtschaftsleben im Zeichen des Krieges, es arbeitet für das Heer. Das ganze deutsche Volk ist mobil gemacht, um den Ansturm unserer verbündeten Feinde gegen das Deutsche Reich mit vereinten Kräften entgegenzutreten. Jedes Mittel zur Erhaltung eines wirtschaftlichen Kraftfaktors dient der Gesamtheit, dient dem Kriege, dient der Befriedigung „eines Bedürfnisses des Krieges".

Das sind nicht unjuristische Schlagworte, sondern Tatsachen, die auch im Kriegsrecht ihre Berücksichtigung verlangen, wenn das Kriegsgesetz einen lebensfähigen Inhalt haben und nicht als toter Buchstabe unbeachtet bleiben will. „Das ‚Kriegsrecht' soll nicht eine schöne Fassade unpraktischer Regeln sein, sondern ein tragender Bau, welcher der Wucht des Krieges standhält[13])." Jedes Völkergesetz muß eine entsprechende Ergänzungsmöglichkeit in sich tragen und trägt sie in sich. Diese durch die tatsächlichen Verhältnisse bedingte und auf der Grundlage des in den Art. 52, 53 der Haager Landkriegsordnung aufgebaute Ergänzung ergibt die Erweiterung der völkerrechtlich erlaubten Eingriffe in das Privateigentum und damit die Rechtmäßigkeit der im besetzten Gebiete erfolgten Beschlagnahme der vorgefundenen Massengüter.

b) Aber selbst wenn man dieser Erweiterung des völkergesetzlichen Aneignungsrechtes nicht zustimmen wollte, selbst dann

---

[13]) Huber, Zeitschrift für Völkerrecht VII S. 368.

wäre noch ein besonderer Rechtsgrund für die deutschen Beschlagnahmen vorhanden: der Notstand und die Notwehr.

Die Völkerrechtswissenschaft hat mit Recht den „wirklichen Notstand" von der „allgemeinen Kriegsnotwendigkeit" geschieden[14]) und der Notwehr im Kriege Grenzen zu ziehen versucht, wie anderseits völkergesetzliche Bestimmungen, so die Art. 23 g, 52, 53 der Haager Landkriegsordnung, die Notlage kriegführender Staaten berücksichtigen. Aber bei der Lage, in der sich Deutschland augenblicklich befindet, kann es keinem Zweifel unterliegen, daß Deutschland sich auf echten Notstand und berechtigte Notwehr berufen kann, die, nach allgemein anerkannten Grundsätzen des Völkerrechts, einen Staat berechtigen, frei seine Kriegsmittel zu wählen, um der seine Existenz unmittelbar gefährdenden Notlage zu entrinnen. Wir wissen, daß unsere Feinde in Widerspruch nicht nur mit völkerrechtlichen Grundsätzen, sondern in Widerspruch mit den elementarsten Forderungen der Menschlichkeit eine methodische Aushungerung des ganzen deutschen Volkes geplant und eingeleitet haben. In der Abwehr dieses Planes deckt sich die Kriegsnotwendigkeit mit der Staatsnotwendigkeit. Vor solchem Notstande verschwindet ein entgegenstehendes Recht, ist kein Recht mehr vorhanden, das verletzt sein könnte, ihm gegenüber ist auch das Privateigentum in Feindesland frei[15]).

Das Eingriffsrecht in das feindliche Privateigentum erhält endlich noch eine weitere Rechtfertigung durch die unabweisliche Notwendigkeit von Repressalien.

c) Bei dem Mangel eines überstaatlichen Zwanges gegen die Staaten zur Befolgung der Völkerrechtsgesetze bildet die Vergeltung das „einzige Mittel, um einen Feind vor weiteren Verstößen gegen das Völkerrecht abzuhalten". Welches Repressionsmittel ein Staat wählt, über welche Norm des Völkerrechts er sich hinwegsetzen will, um Vergeltung zu üben, das steht grund-

---

[14]) Vgl. Strupp, der internationale Landkriegsrecht S. 110.

[15]) Vgl. Hofer, Schadenersatz im Landkriegsrecht S. 70; Meurer a. a. O. S. 255; Huber a. a. O.

sätzlich in seinem Ermessen, wofern es nur dem Zweck angemessen erscheint [16]).

Es steht fest, daß England ein Seebeuterecht ausübt, das selbst auf die Pariser Deklaration — von der Londoner ganz zu schweigen — keine Rücksicht mehr nimmt. Es steht ferner fest, daß Rußland durch seine Armee ein brutales, zügelloses Raubsystem eingeführt hat, daß es ohne Vorbereitung und Absicht einer späteren Entschädigung nahm und zerstörte, was ihm in die Hände fiel, während die Deutschen das Privateigentum nach Möglichkeit schonten, Quittungen über empfangene Güter ausstellten, ja sogar schon jetzt eine Abrechnung für die beschlagnahmten Massengüter in die Wege leiteten, ohne irgendeine Gewähr der Gegenseitigkeit von unseren Gegnern abzuwarten.

Sollten, durften die Deutschen angesichts der Kriegsweise unserer Feinde bei dieser einseitigen Handhabung eines geläuterten Kriegsrechts verharren? Jede internationale Kriegsnorm beruht auf dem Prinzip der Gegenseitigkeit; sie steht und fällt mit ihr.

Wenn unsere Feinde über die nach Kriegsrecht zulässigen Grenzen hinaus in das öffentliche und private Wirtschaftsleben Deutschlands eingreifen, so darf man uns nicht verargen, daß wir unsere Abwehr und Vergeltung auch auf wirtschaftlichem Gebiete suchen und gegen jeden unserer Feinde anwenden, wo und wie sie uns geeignet erscheinen. Es wäre ein kleinlicher Formalismus [17]), wenn man gegenüber dem völkerrechtswidrigen Handeln im Seekriege eine Repressalie im Landkriege nicht zulassen wollte, oder wenn man die Repressalie nur gegen England und Rußland zuließe, während unsere Feinde uns in vermischter und geschlossener Einheit gegenüberstehen. Als geschlossene Einheit kämpfen sie gegen uns, wir verteidigen uns gegen sie als solidarisch haftende Gemeinschaft. Was gegen den einen berechtigt ist, kann nicht als unzulässig gegenüber dem anderen gelten.

---

[16]) Strupp a. a. O. S. 32.

[17]) „Ein Warnungsruf vor formal-juristischen Exzessen ist nirgends so angebracht, wie im Kriege." (Hofer a.a.O. S. 28.)

Die deutschen Beschlagnahmen verstoßen gegen keine völkerrechtliche Norm, sie sind die berechtigte Anwendung eines erlaubten Kriegsmittels.

Aus einer rechtmäßigen Handlung entsteht keine Schadenersatzpflicht [18]). Also ist eine völkerrechtliche Verpflichtung des beschlagnehmenden Staates gegenüber den bekriegten Staaten aus der Beschlagnahme nicht vorhanden [19]).

VI.
Ablehnung von Ansprüchen der Einzelpersonen.

Aber selbst wenn ein völkerrechtlicher Anspruch vorhanden wäre, so könnten die geschädigten Einzelpersonen ihn nicht geltend machen. Denn eine Einzelperson ist nicht Subjekt des Völkerrechts, sondern nur der Staat als politische Organisation, eine Einzelperson erwirbt aus einer völkerrechtlichen Norm kein subjektives Recht. „Nie und nie kann ein Angehöriger eines Staates, der durch die bewaffnete Macht des Gegners geschädigt wurde, wegen Verletzung eines Völkerrechtssatzes irgendeinen Anspruch gegen letzteren geltend machen [20])."

Die Haager Landkriegsordnung sucht nun zwar in Art. 53 Abs. 2 der Haager Landkriegsordnung eine Rückgabe- und Entschädigungspflicht für Beschlagnahme von Kriegsvorräten von Pkivatperson vor, läßt aber doch dieses Vertragsgesetz ganz bewußt die Frage unbeantwortet, wer die Entschädigung zu zahlen hat, sie hat nur eine völkerrechtliche Pflicht im Auge, eine Pflicht

---

[18]) Vgl. die Ausführungen bei Hofer, a. a. O. S. 25ff.

[19]) Es darf übrigens nicht übersehen werden, daß ein Teil der vom Deutschen Reich beschlagnahmten Güter schon vorher von Belgien bzw. Frankreich beschlagnahmt und somit auf Grund dieser belgisch-französischen innerstaatlichen Maßnahmen zu feindlichen Staatseigentum geworden war, also der freien Aneignung durch die Deutschen offenstand. Strupp a. a. O. S. 115. Bei Staatsgut fehlt jede Rückgabe- und Entschädigungspflicht. (Meurer, a. a. O. S. 317.)

[20]) Strupp a. a. O. S. 29 und dort zitierte Schriftsteller. Vgl. die eingehende Behandlung der Literatur bei Hofer a. a. O. S. 36 ff. Entscheidung des RG. vom 8. Oktober 1895, Bd. 86 S. 183.

der Staaten im Verhältnis derselben untereinander, wobei die Feststellung des zur Entschädigung verpflichteten Staates den Friedensvereinbarungen überlassen bleibt. Diese völkerrechtliche Pflicht begründet keinen Anspruch der Privatpersonen gegen den Staat, zu dessen Gunsten die Beschlagnahme erfolgt ist[21]). Es gibt überhaupt keinen Rechtsschutz des einzelnen gegenüber einem fremden Staat.

Ob die geschädigte Privatperson einen Anspruch gegen den besetzten Staat als für seinen Schutz verantwortlichen Aufenthaltsstaat hat, in dem die Beschlagnahme erfolgte — was der Logik des Kriegs entspräche[22]) —, richtet sich nach dem Landesgesetze des betreffenden Staates. Jedenfalls ist diese Frage zunächst ohne Bedeutung für das Rechtsverhältnis zwischen besetzendem Staate und Privatpersonen[23]). Denn selbst die Ausübung der Herrschaft im besetzten Gebiete würde nicht die Passivlegitimation des besetzenden Staates für jene Ansprüche herbeiführen. Die kriegerische Okkupation bildet weder völkerrechtlich noch staatsrechtlich, noch privatrechtlich eine Art von Universalsukzession. Der besetzte Staat bleibt Schuldner für alles landesrechtlichen Entschädigungsansprüche[24]).

VII.

Formelle Rechtmäßigkeit der Beschlagnahme.

Die formal-juristische Berechtigung zur Beschlagnahme gegenüber Privatpersonen im besetzten Gebiete ergibt sich aus der Rechtsstellung der Staatsgewalt im besetzten Gebiete. Die eigene Staatsgewalt ist im besetzten Gebiete tatsächlich ausgeschaltet, der besetzende Staat übt eine der Staatsgewalt

---

[21]) Vgl. Dupuy, L'état de guerre et ses effets vis-à-vis des ressortissants de l'Etats, 1912 S. 104ff.

[22]) Vgl. Loening, Die Verwaltung des Generalgouvernements im Elsaß, S. 149.

[23]) Strupp a. a. O. S. 123.

[24]) Vgl. Meurer, Die völkerrechtliche Stellung der vom Feinde besetzten Gebiete S. 62 Loening a. a. O. S. 149.

analoge tatsächliche[25]) Gewalt aus, die man vielleicht als „Verwaltungshoheit" bezeichnen kann. Kraft dieser hat er die Verordnungsgewalt, als Ausfluß seiner öffentlich-rechtlichen Funktion.

Die Beschlagnahme der Güter in Feindesland ist ein öffentlich-rechtlicher Akt der Staatsgewalt.

VIII.

Die territoriale Wirkung des Beschlagnahmerechts.

Diese Staatsgewalt als reine Territorialherrschaft wirkt territorial, erstreckt sich also auf alle im Gebiete liegenden Güter ohne Rücksicht auf die Staatsangehörigkeit der Eigentümer des beschlagnahmten Gutes. Diese Ansicht wurde schon 1870 während des Deutsch-Französischen Krieges vertreten, und zwar von französischen und englischen Schriftstellern, als die Engländer in Frankreich von den deutschen Beitreibungen nicht verschont blieben. (Vgl. Bonfils a. a. O. S. 642.) Ausländer, Neutrale, Verbündete und selbst Reichsdeutsche werden in gleicher Weise vom Beschlagnahmerecht betroffen, sie befinden sich ohne Rücksicht auf ihre Staatsangehörigkeit in der gleichen Rechtslage, keiner von ihnen hat einen juristisch begründeten Entschädigungsanspruch[26]) insbesondere die Reichsdeutschen keinen Anspruch darauf, daß die sie innerhalb des deutschen Reiches gegen Vermögensbeschlagnahme schätzenden Gesetze auch im besetzten Auslande zur Anwendung kämen.

Ein derartiger Anspruch ist auch nicht etwa abzuleiten aus einzelnen Erklärungen der Behörden. Wenn z. B. eine deutsche Verwaltungsstelle in Feindesland eine Bekanntmachung erläßt, in der eine Bezahlung beschlagnahmter Massengüter in Aussicht gestellt wird oder wenn in einem diplomatischen Schriftwechsel eine Entschädigung der Eigentümer als selbstverständlich in Aussicht gestellt wird, so sind solche Erklärungen nicht geeignet, eine

---

[25]) Vgl. F. von Liszt, Das Völkerrecht X. Aufl. S. 329 Dove a. a. O. S. 425.

[26]) Vgl. E. Albrecht, Über Requisitionen von neutralem Privateigentum, Breslau 1912 S. 13ff.

allgemeine rechtliche Verpflichtung des Reiches zu begründen. Denn die Beschlagnahme ist nicht etwa ein Kauf mit später zu eruierendem Kaufpreis, auch keine Enteignung aus Gründen des Allgemeinwohls, sondern sie stellt sich, unter Ablehnung aller innerstaatlichen, insbesondere privatrechtlichen Parallelen, als Kriegsmittel in feindlichem Gebiete dar, dessen Anwendung eine Entschädigungspflicht gegenüber dem einzelnen nur dann im Gefolge haben könnte, wenn ein deutsches Gesetz einen Titel für solchen Anspruch geschaffen hätte. Zwar ist eine Behörde, insbesondere der Reichskanzler, in der Lage, durch einen Willensakt im Einzelfall eine Verpflichtung zu begründen, aber eine allgemeine Verpflichtung, eine grundsätzliche Entschädigungspflicht in dem Sinne, daß jeder, der unter die Regel fällt, dadurch berechtigt werde, kann nur in Form eines Rechtssatzes entstehen, also durch Gesetz oder Rechtsverordnung. Eine allgemeine Erklärung, daß für Beschlagnahmen Ersatz geleistet werden soll, bedeutet lediglich ein Programm, für das der Erklärende allein die Verantwortlichkeit übernimmt, begründet vielleicht auch eine moralische Verpflichtung des Reiches, für die Erklärung seiner Organe einzustehen, niemals aber eine Rechtspflicht. Auch die Ausstellung der Beschlagnahmescheine gibt keinen Anhalt für die Anerkennung eines Entschädigungsanspruches. Der Beschlagnahmeschein beweist nur, daß beschlagnahmt ist, nicht weniger und nicht mehr[27]). Deshalb erscheint der Handel mit Beschlagnahmescheinen, der an verschiedenen Orten Deutschlands und Belgiens schon umfangreich betrieben wird, als eine für Käufer wie Verkäufer gefährliche Transaktion. Der Verkäufer begibt sich eines wichtigen, wenn auch nicht ausschlaggebenden, Beweismittels, der Käufer erwirbt ein für ihn zunächst wertloses Stück Papier.

---

[27]) Wenn die Haager Landkriegsordnung die Ausstellung von Beschlagnahmescheinen zur Pflicht macht, so ließen doch die Konventionsverhandlungen keinen Zweifel darüber, daß ihre Verwendung nur gegenüber dem Staate ins Auge gefaßt war, in dem, nicht von dem, die Beschlagnahme bewirkt wurden. Diese Auffassung ergibt sich deutlich aus eine Bemerkung eines deutschen Delegierten, des Obersten Groß von Schwarzhoff. (Vgl. Meurer a. a. O. S. 290).

IX.

Freiwilligkeit der Entschädigung.

Wenn das Deutsche Reich trotz dieser Rechtslage eine Bezahlung oder Entschädigung für beschlagnahmte Güter eintreten lassen will und sogar unter Umgehung des diplomatischen Weges den ausländischen Staatsangehörigen die Befugnis unmittelbarer Anträge an eine Reichsbehörde gewährt, so ist darin eine Art von Kompromiß zwischen militärischer Notwendigkeit und den deutschen sittlichen Anschauungen zu erblicken, die insbesondere eine Bereicherung auf Kosten schuldloser Privatpersonen ablehnen, vielleicht aber auch das zweckmäßige Bestreben, das wirtschaftliche Leben in den besetzten Gebieten im Interesse der Bevölkerung aufrechtzuerhalten und neu zu beleben. Jedenfalls qualifiziert sich die Entschädigung als Liberalität, als eine den Betroffenen für Schädigung durch höhere Gewalt gewährte Beihilfe zur Milderung oder Beseitigung dieser Schäden. Daraus ergibt sich, daß das Deutsche Reich in der Zuerkennung und Bemessung der Entschädigung grundsätzlich ohne eine Schranke sich frei bewegen, insbesondere sich auch von politischen Gründen leiten lassen und diese Gründe zum Ausgangspunkt des Verfahrens und der materiellen Entscheidung der Reichsentschädigungskommission machen kann.

Die Tätigkeit der Reichsentschädigungskommission könnte allerdings durch eine Anordnung des Reichskanzlers beeinflußt werden, indem der Reichskanzler als oberste, zur Vertretung des Reiches gegenüber andern Staaten berufene Behörde Grundsätze aufstellte, nach denen er seinerseits die freiwillige, d. h. durch keinen Rechtssatz gebotene, Entschädigung von der zuständigen Stelle beurteilt wissen will[28]). Eine solche Anordnung wäre aber

[28]) Die budgetrechtliche Seite der Entschädigungen bedarf hier keiner weiteren Erörterung. Die Entschädigungen müssen als im staatsrechtlichen Sinne notwendige angesehen werden, deren Bewilligung durch den Reichstag nicht abgelehnt werden kann. (Vgl. Laband, Staatsrecht des Deutschen Reiches, IV. S. 532 ff.) Sie gehören zu den außeretatsmäßigen Ausgaben, für die der Reichskanzler bis zur Bewilligung des Reichstages die Verantwortung trägt. (Vgl. Laband a. a. O. S. 545.)

nur ein innerer Akt, im Verhältnis des Reichskanzlers zur Reichsentschädigungskommission, durch den keine Rechtspflicht gegenüber den Beschlagnahmegeschädigten gegründet würde. Eine solche Anordnung ist nicht ergangen, die Kommission hat sich lediglich von den oben entwickelten Rechtsgrundsätzen leiten zu lassen und die Entschädigung durch ihre Entscheidung festzusetzen.

X.

Die Höhe der Entschädigung.

Aus dieser Auffassung ergibt sich die Richtschnur für die Bemessung der Höhe der Entschädigung.

Die Anordnung des Reichskanzlers vom 25. April 1915 gewährt über den materiellen Inhalt der Entschädigung keinen Aufschluß. Jedoch läßt sich aus der Vermeidung des Wortes „Schadenersatz" zunächst nach der negativen Seite ein Anhalt gewinnen. Im Gebiete des positiven Völkerrechts wird das Wort „Schadenersatz" in Art. 3, betreffend die Gesetze und Gebräuche des Landkrieges vom 18. Oktober 1907, verwendet. Der Schadenersatz bildet hier die gesetzlich festgelegte Folge einer völkerrechtswidrigen Handlung, deren Schadenswirkung in vollem Umfange beseitigt werden soll. Das Wort „Schadenersatz" entspricht also dem Grunde und dem Umfang dieser Ersatzpflicht. Die „Entschädigung" aber ist ein aliud und minus. Sie ist nicht etwa eine „Vergütung", wie sie das Deutsche Kriegsleistungsgesetz für die im Inlande angeforderten Leistungen verspricht, sondern sie kann, wie oben dargetan, nur als eine aus Billigkeitsgründen zu gewährende Beihilfe zur Beseitigung der unvermeidlichen Kriegsschäden angesehen werden. Diese Beihilfegewährung ist ein völkerrechtlicher Akt, eine politische Maßnahme, veranlaßt durch den Wunsch, die „allgemeinen Kriegsschäden" zu mildern. Weil es sich bei der „Entschädigung" im Grunde um eine politisch-internationale Beziehung handelt, so kann man nicht genug davor warnen, zivilistische Methoden und Rechtsverhältnisse in die ganz anders gearteten Staatenbeziehungen hineinzuschmuggeln[29]).

[29]) Vgl. Zorn, Z. f. Politik II S. 334.

Wo würde es hinführen, wenn man der Bemessung der Entschädigung den „Schadenersatzbegriff" des deutschen Bürgerlichen Gesetzbuchs zugrunde legen wollte, man denke nur an den indirekten Schaden, an entgangenen Gewinn, denke an die durch den Krieg bewirkte enorme Preissteigerung der wichtigsten Massengüter, an alle Folgen der Kriegskonjunktur! Es würde dem Reiche bei der Durchführung einer freiwilligen, durch keine Rechtspflicht gebotenen Maßnahme unübersehbare Lasten aufgebürdet werden, die es vor seiner allgemeinen Finanzwirtschaft kaum rechtfertigen könnte. Gewiß soll auch in der Bemessung der Höhe der Entschädigung der geläuterte Standpunkt deutscher Rechts- und Billigkeitsauffassung zur Verwirklichung gelangen, aber die Rücksicht auf nationale, innerstaatliche Interessen muß die natürliche und selbstverständliche Grenze bilden. Innerhalb dieser Grenze hat die Reichsentschädigungskommission völlig freie Hand.

Eine, wenn auch nur mit äußerster Vorsicht verwendbare, Analogie bietet das Versicherungsrecht. Auch in ihm handelt es sich vielfach um Ersatz von Schäden, die durch ein elementares Ereignis herbeigeführt sind. Aber für die Bemessung des Schadens ist nicht maßgebend der Vermögensnachteil, den durch ein schädigendes Ereignis eine ganz bestimmte Person unter den besonderen Umständen des einzelnen Falles an ihrem Vermögen erlitten hat, sondern der gemeine Wert des verletzten Gutes, d. h. derjenige Vermögensnachteil, der für jedermann unter gewöhnlichen Umständen aus der schadenbringenden Tatsache zu erwachsen pflegt[30]). Ähnlich wie bei den Versicherungsverhältnissen kann und muß auch bei der Beschlagnahmeentschädigung der Wert des Schadens bemessen werden, d. h. der gemeine Wert des beschlagnahmten Gutes bildet den Ausgangspunkt für die Höhe der Entschädigung. Auf diese Art hat die Entschädigung von vornherein einen bestimmten Inhalt, bei dem zunächst nur fraglich erscheinen kann, welchen Zeitpunkt man als den für den gemeinen Wert entscheidenden ansehen soll. Wohl liegt der Gedanke nahe, diesen Wert nach dem Tage

---

[30]) Vgl. v. Ehrenberg, Z. f. Vers.-W. VI S. 369ff.

der Beschlagnahme zu berechnen. Aber nicht die Beschlagnahme ist in Wahrheit das schadenverursachende Ereignis, sondern der Krieg. Die Beschlagnahme ist nur ein im Verlaufe des Krieges angewandtes Kriegsmittel. Der durch dieses Mittel entstandene Schaden ist Kriegsschaden und als solcher zu bewerten und zu bemessen.

Gegen die Verwertung des Beschlagnahmetages sprechen aber auch noch andere gewichtige Gründe. Der Zeitpunkt der Beschlagnahme ist oft ein ganz zufälliger, ist selbst am gleichen Orte von der zeitlichen Durchführbarkeit abhängig. Anderseits hat der Kriegsausbruch Wertverschiebungen im Gefolge gehabt, die den Preis am Beschlagnahmetage als einen Zufallspreis erscheinen lassen. Will man also überhaupt einen objektiven Maßstab anlegen, so muß man einen Termin wählen, der in seiner Preisgestaltung dem normalen Werte eines Gutes am meisten gerecht wird, d. h. einen Tag, der noch unbeeinflußt war von der Kriegskonjunktur und anderseits doch dem Kriegsausbruch als dem kausalen Ereignis möglichst nahe liegt. Nur durch das Festhalten an einem solchen Normaltage kann vor allem der Spekulation entgegengetreten werden, welche den drohenden oder bestehenden Mangel an Rohstoffen mißbrauchte, um durch schleunige Ankäufe in den besetzten feindlichen Gebieten das Bedürfnis im Deutschen Reiche und die bevorstehende Preiserhöhung auszunützen. Es haben Güter innerhalb drei Tagen dreimal ihren Eigentümer gewechselt und jeder Mittelsmann erzielte hohen Gewinn, weil der spätere Ankäufer damit rechnete, wegen des Mangels an Rohstoffen immer noch durch Lieferung nach Deutschland einen gewinnbringenden Preis zu erzielen. Sollten etwa auf Kosten des Reichs, auf Kosten der Allgemeinheit die raffinierten Gewinnjäger noch eine Belohnung erhalten, indem man ihnen den künstlich gesteigerten Kaufpreis vergütet? Gewiß hat jeder Kaufmann das Recht, die Konjunktur auszunützen, um durch Wiederverkauf sein Gewerbe nutzbringend zu gestalten. Aber Kriegszeiten, die allen schwere Last aufbürden, dürfen nicht dazu benutzt werden, um des Reiches Bürde noch zu erschweren. Die Käufer, die nach Kriegsausbruch Massenbedarfsartikel kauften, mußten sich die drohende Notlage des Reiches vorstellen, mußten also auch damit rechnen, daß das Reich im In- und Auslande in berechtigter Selbsthilfe zu Eingriffen in das Privateigentum gezwungen werden könnte, die durch die Kriegslage geboten und gerechtfertigt sind. Wenn jemand diese im allgemeinen voraussehbare Möglichkeit und das mit ihr verknüpfte Risiko erkannte, so darf er nicht erwarten, daß seiner mangelhaften Voraussicht nun in der Entscheidung Rechnung getragen werde, er muß sich mit dem Normalpreis zufrieden geben.

Man kann um so eher an diesem Grundsatze festhalten, als es die ganze rechtliche und politische Natur der Entschädigung zuläßt, daß auf der Grundlage der Schadenswertbemessung die Entschädigungskommissian die Entschädigung selbst nach freiem Ermessen festsetzt. Dieses freie Ermessen gestattet ihr, aber auch in einer besonderen Art auf den „guten Glauben" Rücksicht zu nehmen, indem sie solchen durch Beschlagnahme geschädigten Personen, die in „gutem Glauben" noch nach Kriegsbeginn in Feindesland Waren gekauft hatten, je nach den Umständen eine Entschädigung über den Wert am Normaltage zubilligt. So wird beispielsweise „guter Glaube" bei den vor dem 25. Juli abgeschlossenen Käufen und ferner bei solchen Käufen anzunehmen sein, die in der berechtigten Erwartung abgeschlossen worden, daß die gekauften Waren von keiner Beschlagnahmemaßregel betroffen würden. Zu solcher Erwartung konnten z. B. solche Käufer berechtigt gewesen sein, die einen festen, nicht bedingten oder sonst beschränkten Auftrag von einer zuständigen militärischen Amtsstelle erhalten hatten, in Feindesland für die auftraggebende Behörde gewisse bestimmte Güter aufzukaufen, und sich innerhalb dieses Auftrages gehalten haben.

Es handelt sich ja nicht um eine Entscheidung eines Gerichts, das den Willen des Gesetzes für den Einzelfall erklärt, sondern um einen Verwaltungsakt[31]), bei dem die Kommission dem Entschädigungswillen des Staates erst den Inhalt gibt, der

---

[31]) Vgl. Otto Mayer, Deutsches Verwaltungsrecht II. Aufl. S. 95 ff.

ihren eigenen Erwägungen des Gemeinwohles, der Billigkeit und Zweckmäßigkeit entspricht. Gerade diese Freiheit, das sogenannte administrative Ermessen, wird der Kommission die Möglichkeit bieten, Besonderheiten des einzelnen Entschädigungsfalles zu berücksichtigen, um so zu einem „richtigen", d. h. dem Wesen und Zwecke der Entschädigung entsprechenden Ergebnisse zu gelangen. Insbesondere wird es in diesem weiten Rahmen zulässig sein, unter Umständen bei der Bemessung der Entschädigung über den objektiven Sachwert hinauszugehen, indem neben dem gemeinen Wert der Sache noch andere im Zusammenhang mit der Beschlagnahme entstandene Schäden vergütet werden. Bei der Vergütung dieser Nebenschäden wird man einen Unterschied machen können zwischen der Entschädigungsbewilligung an Deutsche oder Neutrale oder Feinde. Daß diese unterschiedliche Behandlung dem Recht nicht widerspricht, kann bei dem juristischen Wesen der Beschlagnahmeentschädigung kaum zweifelhaft sein. Denn wenn die Requisitionen auch alle Bürger im Aufenthaltsstaat treffen, und, ohne Rücksicht auf die Staatsangehörigkeit, jeder sich die territorial wirkende Maßnahme des Hohheitsrechts gefallen lassen muß, so ist damit in alle Wege nicht gesagt, daß die Gleichheit in der Last auch die Gleichheit in der Beseitigung der Last zur Folge haben müsse. Die Entschädigung ist eine freiwillige, ihre Zubilligung ist nicht nur der Höhe nach, sondern auch in ihrer Abgrenzung auf den Personenkreis der billigen Erwägung anheimgegeben. Aber nicht nur der Rechtslage entspricht die unterschiedliche Behandlung von Staatsangehörigen verschiedener Staaten, sie entspricht auch der Gerechtigkeit, d. h. der sittlichen Beschaffenheit der Gesellschaft, in der jeder nach Kräften seine Pflichten gegen die Allgemeinheit erfüllt[32]). Selbst vom Standpunkt höchster Ethik hat nicht jeder gegen jeden die gleiche Pflicht. Man darf nicht vergessen, daß es sich bei der Entschädigung um eine wirtschaftliche Maßnahme handelt, bei der inner- und außerpolitische

---

[32]) Vgl. J. de Louter, Recht und Gerechtigkeit, Z. f. V. VIII S. 113ff.

Erwägungen mit in die Wagschale fallen. Zu diesen Erwägungen rechne ich in erster Linie die Rücksicht auf die Deutschen im Auslande, die durch die Beschlagnahme betroffen worden sind. Diese Deutschen befinden sich zunächst in einer gleichen Lage wie die Deutschen im Inlande, denen auf Grund des Kriegsleistungsgesetzes ein gleiches Eigentumsopfer auferlegt ist. Während aber für die Beschlagnahme im Inlande das Gesetz selbst eine Vergütung verspricht, ist der Deutsche wegen der im Auslande von Deutschland erfolgten Beschlagnahme auf einen Ersatzanspruch gegen den Aufenthaltsstaat angewiesen, dessen Gewährung in Belgien, Frankreich und Rußland von einem zukünftigen Gesetze dieser Staaten abhängt. Selbst wenn ein solches Landesgesetz zugunsten der vom Kriege besonders in Mitleidenschaft gezogenen Gebiete ergehen sollte, wie es in Frankreich nach dem Deutsch-Französischen Kriege erging, selbst dann ist kaum zu erwarten, daß die Vergünstigung auch den deutschen Staatsangehörigen in ausreichendem Maße zugute käme. Die Deutschen säßen zwischen zwei Stühlen. Wollte man aber unterschiedlos den Ausländern eine Entschädigung seitens des Deutschen Reiches zubilligen, so würde man der Entschädigungspflicht des besetzten Landes vorgreifen. Es läge überdies die Befürchtung nahe, daß eine Entschädigungszahlung dem Feinde und seiner Widerstandskraft zugute käme und so die Erreichung des Kriegszwecks erschweren könnte. Auch dem vorzubeugen ist die Entschädigungskommission in der Lage, selbst wenn sie eine Entschädigung zubilligt, indem sie die Entschädigung in irgendeiner Art modifiziert, insbesondere den Betrag nur feststellt oder hinterlegt.

Die grundsätzliche Freiheit der Kommission gibt ihr die Möglichkeit, in ihrer Entschädigung alle sachlichen und persönlichen Momente zu berücksichtigen.

X A.

Antragsberechtigte und Beteiligte.

Der § 1 der Anordnung des Reichskanzlers nennt neben dem Eigentümer „andere Berechtigte", die zum Entschädigungsantrag legitimiert sein sollen. Die Nebeneinanderstellung dieser beiden

Personengruppen in Verbindung mit dem Ausgangspunkt der Entschädigung, nämlich der Sachentziehung, läßt erkennen, daß in § 1 nur dinglich Berechtigte gemeint sind. Als solche kommen insbesondere die Spediteure, Lagerhalter und Kommissionäre wegen ihrer gesetzlichen oder vertragsmäßigen Pfandrechte in Betracht. Ihre Gleichstellung mit den Eigentümern ist im Wesen ihrer Rechtsstellung zum Beschlagnahmegegenstand begründet. Wie das Pfandrecht ihnen die Möglichkeit gibt, durch Verkauf des Pfandobjekts aus der an der Stelle der letzteren getretenen Verkaufssumme Befriedigung zu finden, so muß ihnen auch, nach Untergang ihres Pfandrechtes durch die Beschlagnahme, die Möglichkeit gewährt werden, falls überhaupt eine Entschädigung gewährt wird, durch den Entschädigungsantrag das Geldsurrogat des beschlagnahmten Sicherungsobjektes zu schaffen, an das sie sich in Höhe ihrer pfandrechtlich gesicherten Forderung halten können. Hat der Eigentümer selbst den Entschädigungsantrag gestellt, so geht doch der Antrag der anderen dinglich Berechtigten selbständig neben ihm her. Denn dem Eigentümer bliebe das Recht, gegenüber dem Reich durch Zurückziehung seines Antrages auf Entschädigung zu verzichten und damit dem Pfandgläubiger das Objekt seiner Sicherung zu entziehen. Dem muß vorgebeugt werden. Zu diesem Zwecke bedarf es nur einer Verwertung des den Schutzbestimmungen zugunsten der Forderungs-Pfandgläubiger im B.G.B. zugrunde liegenden Gedankens, um die Zurücknahme soweit dadurch die Rechtslage der dinglichen Pfandgläubiger verschlechtert ist, ihrer Wirkung zu entkleiden. Dieses Ergebnis entspricht auch dem Willen des Reiches, der darauf gerichtet ist, für die zu seinen Gunsten erfolgte Sachentziehung einen Ersatz zu leisten.

Anders als bei den dinglich Berechtigten ist die Rechtslage sonstiger Gläubiger der von der Beschlagnahme betroffenen Eigentümer zu beurteilen. Auch sie werden unter Umständen durch die Beschlagnahme stark in Mitleidenschaft gezogen, insbesondere dann, wenn die Kreditwürdigkeit und Sicherheit ihres Schuldners ganz oder wesentlich auf seinem Eigentum an den beschlagnahmten

Waren beruhte. Es liegt der Gedanke nicht fern, auch die Interessen solcher bloß obligatorisch Berechtigter dadurch zu schützen, daß man sie selbst in den Kreis der zum Entschädigungsantrag Berechtigten einbezöge. Aber auf diese Art würde man vom Grundgedanken der ganzen Entschädigung sich zu sehr entfernen. Darum hat die Anordnung des Reichskanzlers sich darauf beschränkt, in anderer Art wenigstens diejenigen Gläubiger zu berücksichtigen, die, wie es in § 5 heißt, „ein rechtliches Interesse haben, daß der Eigentümer oder ein anderer dinglich Berechtigter Entschädigung erhält." Sie können als Beteiligte zugelassen und sollen als Beteiligte gehört werden. Den Kreis der „rechtlich" Interessierten kann man enger oder weiter ziehen. Zu einer engeren Abgrenzung würde man gelangen, wenn man sich eng an den Grundgedanken der Entschädigung hält: Entschädigung für Entziehung einer Sache. Wie bei den dinglich Berechtigten ihre unmittelbare Beziehung zu dem Beschlagnahmegegenstand in ihrem Antragsrecht ihre Anerkennnng findet, so ist auch den zur Sache in einem mittelbaren Verhältnis stehenden Gläubigern eine Möglichkeit gewährt, zur Wahrung ihrer Rechte gegen ihren Schuldner im Entschädigungsverfahren mitzuwirken. Gedacht ist dabei wohl in erster Linie an die Verkäufer der beschlagnahmten Waren, denen vom Käufer der Kaufpreis doch nicht gezahlt ist, oder an Käufer, die den Preis gezahlt, vielleicht sogar die Gefahr schon trugen, aber noch nicht Eigentümer geworden waren. Ihr wirtschaftliches Interesse liegt in der Steigerung der Zahlungskraft ihres Schuldners durch die Zuerkennung einer Entschädigung für die ihm entzogenen Vermögensobjeckte ihr rechtliches Interesse beruht darin daß im Entschädigungsverfahren die Eigentumsverhältnisse festgestellt werden; denn diese Feststellung kann unter Umständen ergeben, daß das Eigentum noch nicht auf den die Entschädigung verlangenden Käufer übergegangen ist, so daß dieser mit seinem Antrage abzuweisen wäre, der Verkäufer aber nunmehr seinerseits einen neuen Entschädigungsantrag stellen könnte.

Man darf vielleicht sagen, daß sich in solchen Fällen die abgeschwächte Beteiligung des obligatorisch Berechtigten als eine

Vor- oder Nachwirkung dinglicher Rechte darstellt und rechtfertigt.

Man kann aber auch in der „Beteiligung" weiter gehen, insbesondere mit Rücksicht auf deutsche Gläubiger von ausländischen Schuldnern, kann alle Gläubiger als Beteiligte zulassen, ohne das Erfordernis einer besonderen Beziehung zum Beschlagnahmegegenstand aufzustellen. Auch diese Gläubiger sind durch die Vermögensverringerung ihre Schuldners in ihren Interessen berührt. Wäre der beschlagnahmte Gegenstand im Auslande geblieben, so hätte der Gläubiger sich durch Arrest oder Pfändung an den Gegenstand halten können. Wäre das Eigentum des Schuldners nach Deutschland gelangt, so würde der inländische Gerichtsstand des Vermögens begründet gewesen sein und damit die Möglichkeit der Pfändung und Befriedigung. An die Stelle des beschlagnahmten Gegenstandes tritt, wenn auch nicht vom streng juristischen, so doch vom wirtschaftlichen Standpunkt des Gläubigers gesehen, die zu erwartende Entschädigung. „Der Anspruch" auf die Entschädigung ist nicht pfändbar, die Reichsentschädigungskommission hat es nur mit dem Eigentümer als Berechtigten zu tun Aber es wäre doch eine unverständliche Unbilligkeit gegen die deutschen Gläubiger, wenn man ihren ausländischen Schuldnern aus Reichsmitteln eine Geldsumme behändigte, die Schwierigkeit der Gläubiger in der ausländischen Rechtsverfolgung gegen den Schuldner übersehen und ihnen die Möglichkeit nähme, sich an die Entschädigungssumme zu halten. Die Reichsentschädigungskommission könnte vielleicht zu einer unmittelbaren Zahlung der festgestellten Entschädigung an die Gläubiger gelangen. Sie läuft damit aber Gefahr, die am Verfahren Beteiligten oder sonst ihr bekannt gewordenen Gläubiger zu bevorzugen und damit eine unbillige Benachteiligung anderer Gläubiger herbeizuführen. Um das zu vermeiden, kann die Reichsentschädigungskommission die festgestellte Summe hinterlegen und es den Gläubigern überlassen, sich mit den Mitteln des bürgerlichen Rechts und Prozeßrechts an das Vermögen ihres Schuldners zu halten.

XI.

Die Wirkung des Entschädigungsbeschlusses.

Begründet die Entscheidung der Reichsentschädigungskommission, daß an eine Person eine Summe als Entschädigung gezahlt werden soll, einen Anspruch, eine Forderung derselben? Die Beantwortung dieser Frage ist abhängig von dem juristischen Charakter der Entscheidung.

Die Entscheidung der Kommission ist ein Verwaltungsakt der vom Reichskanzler eingesetzten Behörde, d. h. ein obrigkeitlicher Ausspruch, der im Einzelfall bestimmt, was Rechtens sein soll und erst mit der „Eröffnung", d. h. der Mitteilung an den Beteiligten, wirksam wird[33]). Er besitzt konstitutive Wirkung. Die Entscheidung enthält ein Zahlungsversprechen, das einen Vermögensanspruch des Geschädigten begründet.

Es kann zunächst dahin gestellt bleiben, ob der so entstandene Anspruch, die Forderung, im ordentlichen Rechtswege verfolgbar ist[34]). Jedenfalls bildet, nach dem Beschlusse, die sich aus ihm ergebende Forderung einen nach Art und Höhe feststehenden Vermögensbestandteil, der als solcher der Abtretung und Pfändung unterliegt. Zweifelhaft kann man jedoch darüber sein, ob die in der Verordnung des Reichskanzlers als „Entschädigungsanspruch" bezeichnete Aussicht oder Anwartschaft auf die Entschädigung schon vor der Feststellung und Zuerkennung durch die Reichsentschädigungskommission übertragbar und pfändbar ist.

Sicher ist einerseits, daß vor der Zuerkennung noch keine Forderung besteht, daß andererseits mit der Zuerkennung eine übertragbare Forderung entsteht. Die Forderung ist also bis zur Zuerkennung eine „zukünftige" und als solche insoweit übertragbar und pfändbar, als „zukünftige Forderungen" überhaupt übertragen und gepfändet werden können.

Der juristische Streit um die Übertragbarkeit zukünftiger Forderungen ist jetzt allgemein so weit geklärt, daß man in be-

---

[33]) Vgl. Otto Mayer a. a. O. S. 95.

[34]) Darüber vgl. unten.

stimmten Grenzen von einer in Theorie und Praxis herrschenden Ansicht sprechen kann. Einigkeit herrscht darüber, daß ein zukünftiger Anspruch nur dann abgetreten werden kann, wenn Eigenart und Umfang des künftigen Anspruchs mehr oder minder zur zeit der Übertragung bestimmbar ist. Bei den aus der Beschlagnahme folgernden Ansprüchen ist der künftige Entstehungsgrund, die konstitutive Entscheidung der Reichsentschändigungs-Kommissiou, klar, ebenso ist aber auch ein gewisser Blick über den Umfang der zukünftigen Forderung möglich, da im allgemeinen die Entschädigung dem Werte des beschlagnahmten Gutes entsprechen dürfte. Gerade in dieser rechtlichen und tatsächlichen Voraussehbarkeit unterscheidet sich die Beschlagnahmeentschädigung auf Grund der Anordnung des Reichskanzlers von sonstigen zukünftigen, in Ausfüllung des Art. 35 des Kriegsleistungsgesetzes zwar möglichen, aber bisher noch jeder positiven Einleitungsgrundlage mangelnden Entschädigungsansprüchen, so z. B. der durch die russische Invasion im Osten des Deutschen Reiches geschädigten Personen. Wird also vor der Entscheidung der Reichsentschädigungskommission ein Entschädigungsanspruch abgetreten, so ist diese Abtretung rechtsgültig, aber ihre Wirkung ist von Rechtswegen bedingt, und zwar bedingt durch die künftige Entstehung der Forderung in der Person des Eigentümers.

Mit der „Abtretbarkeit" des Anspruchs würde aber noch keineswegs seine Pfändbarkeit gegeben sein. Eine Forderung kann nur dann gepfändet werden, wenn die Forderung zur Zeit der Pfändung, d. h. zur Zeit der Zustellung des Pfändungsbeschlusses an den Drittschuldner, bereits entstanden ist, wenn auch nur als betagte oder bedingte. Künftige Forderungen, d. h. solche, deren Entstehungstatbestand noch nicht eingetreten ist, können nicht gepfändet werden. Ich verweise wegen dieses Grundsatzes auf die eingehende und überzeugende Begründung von Stein[35]). Folgt man Stein, so mangelt es dem Entschädigungsanspruch vor dem Beschlusse der Reichsentschädigungskommission an dem notwendigen Entstehungstatbestand. Falls von den Gerichten

[35]) Die Zivilprozeßordnung usw. X. Aufl. S. 1640.

Pfändungsbeschlüsse erlassen werden, ist gegen diese die Erinnerung aus § 766 ZPO. zulässig. Zur Erhebung der Erinnerung ist die Reichsentschädigungskommission bzw. deren Präsident legitimiert, da das ganze Entschädigungsverfahren in ihre Hände gelegt ist.

Will man die rechtsgeschäftliche Verfügung über den zukünftigen Anspruch verhindern, was aus Gründen der Zweckmäßigkeit sehr wohl wünschenswert sein kann, so sind verschiedene Möglichkeiten gegeben. Auf Grund des sogenannten Ermächtigungsgesetzes vom 4. August 1914[36]) könnte durch Reichsverordnung die Übertragbarkeit und Pfändbarkeit des Anspruchs oder eine von beiden ausgeschlossen werden. Zur Formulierung könnte vielleicht die Analogie des § 5 des Gesetzes vom 20. Mai 1898 (RGBl. S. 34), betreffend Entschädigung der im Wiederaufnahmeverfahren freigesprochenen Personen, verwendet werden, eine Analogie, die naheliegt, weil auch in diesem Entschädigungsbeschluß ein konstitutiver Verwaltungsakt liegt. Man würde dann etwa zu folgender Fassung gelangen:

„Der Entschädigungsanspruch ist bis zur Entscheidung über den Entschädigungsantrag weder durch Rechtsgeschäft übertragbar noch der Pfändung unterworfen."

Auf diese Art würde bis zum Entschädigungsbeschluß der Eintritt eines neuen Berechtigten in das Verhältnis zwischen Reich und Beschlagnahmegeschädigten verhindert und dem gefährlichen Handel mit Beschlagnahmescheinen sicher vorgebeugt.

XII.

Beschränkung des Entschädigungsbeschlusses.

Unter Umständen dürfte es angezeigt erscheinen, auch die Rechtswirkungen des ergangenen Entschädigungsbeschlusses in bestimmter Richtung zu beschränken.

Der durch die konstitutive Kraft des Beschlusses entstandene

---

[36]) RGBl. S. 327.

Anspruch ist ein Anspruch öffentlich-rechtlicher Natur, da der ihn schaffende Beschluß ein öffentlich-rechtlicher Akt ist[37]).

Der öffentlich-rechtliche Charakter der Forderung hindert nicht seine Übertragbarkeit und Pfändbarkeit. Will man diese beseitigen oder einschränken, so wäre wohl der einfachste Weg die Feststellung der Unübertragbarkeit in der Entscheidung der Kommission. Denn da ihre Entscheidung ein freiwilliges Zahlungsversprechen enthält, so ist sie berechtigt, dieses Versprechen mit jeder ihr genehmen Modalität zu versehen.

So könnte sie unter Benutzung der in § 5 der Verordnung des Reichskanzlers gegebenen Ermächtigung dritte Gläubiger berücksichtigen und im Entschädigungsbeschlusse selbst die Zahlung an den Gläubiger anordnen. Auf diese Art würde z. B. der schwierigen Lage deutscher Gläubiger Rechnung getragen, die als Verkäufer dem von der Beschlagnahme unmittelbar betroffenen Ausländer die beschlagnahmte Ware geliefert haben und in vielen Fällen nicht zu ihrem Gelde kommen werden. Man könnte ferner in dem Entschädigungsbeschlusse Bestimmungen über die Zahlungsmittel treffen, also z. B. darüber, ob die Zahlung in deutschem Gelde erfolgen soll oder vielleicht in Zinsabschnitten russischer Staatspapiere, ob das Geld mit Sperrung bis zu einem bestimmten Zeitpunkte zu hinterlegen sei usw.

Von der gleichen Auffassung ausgehend, könnte man vielleicht auch, um die Zahlung der Entschädigungen zu erleichtern, der auszufertigenden Entscheidung eine besondere Wirkung beilegen. Man kann die Analogie des Gesetzes über die Kriegsleistungen vom 13. Juni 1873, §§ 20ff., verwenden.

Diese Verwendung würde folgende Gestalt annehmen:

„Über die Entschädigungen wird ein Zahlungsbeschluß ausgefertigt, welcher auf den Namen des Eigentümers des beschlag-

---

[37]) Aus öffentlich-rechtlichen Akten entstehen nur öffentlich-rechtliche Ansprüche. Zur Entscheidung über solche Ansprüche, also zur Verfolgung des Anspruchs aus dem Beschlusse gegen das Reich sind nur die Verwaltungsbehörden zuständig. (Vgl. Entsch. des Preuß. Gerichtshofes z. Entsch. der Kompetenzkonflikte vom 14. Juni 1902, D. Jztg. VII S. 584.)

nahmten Gutes lautet. Die Zahlung erfolgt gültig an den Inhaber der Ausfertigung gegen Rückgabe derselben. Zu einer Prüfung der Legitimation des Inhabers ist die zahlende Kasse berechtigt, aber nicht verpflichtet. Die Inhaber werden von den Behörden durch öffentliche Bekanntmachungen in deren amtlichen Anzeigeblättern aufgefordert, dieselben behufs Empfangnahme der Entschädigung in den in der Bekanntmachung zu bezeichnenden öffentlichen Kassen vorzulegen."

XII.

Schluß.

Die vorstehenden Erörterungen über das Wesen der Entschädigungen haben deutlich gezeigt, daß die Reichsentschädigungskommission in weitem Maße mit Freiheiten für ihre Entschließungen ausgestattet ist.

Die Anordnung des Reichskanzlers beweist nur, daß das Reich zu einer Entschädigung bereit ist. Den Inhalt der Entschädigung hat die Reichsentschädigungskommission, in deren Hände das Entschädigungsverfahren gelegt ist, nach den ihr erteilten Befugnissen unter Berücksichtigung aller Umstände fortzusetzen.

Durch ihren konstitutiven Beschluß verschafft sie dem Geschädigten einen Vermögenswert, der, wenn man ihm vor dem Beschlusse als zukünftigem Anspruche seine Übertragbarkeit beläßt, schon jetzt einen Ausgleich des durch die Beschlagnahme entstandenen Schadens ermöglicht. Anderseits bietet die Zulässigkeit der Modifizierung und Vinkulierung der zugesprochenen Entschädigung im Einzelfalle immer noch genügende Gelegenheit, besonderen politischen oder wirtschaftlichen oder sonstigen Interessen des Deutschen Reiches Rechnung zu tragen.

Druck von A. W. Hayn's Erben (Curt Gerber), Potsdam.

FSC
www.fsc.org
MIX
Papier | Fördert
gute Waldnutzung
FSC® C083411

Kolibri 360 GmbH
Ferdinand-Jühlke-Straße 7
99095 Erfurt, Deutschland
produktsicherheit@kolibri360.de